Vincent Peillon,

Prophète d'une

« religion laïque »

Dans la même collection

Olivier Vial, Inès Charles-Lavauzelle [2012], *L'école malade de l'égalitarisme, ordonnance 2012,* BOD, Centre d'études et de recherches universitaires (CERU), collection notes et études, 28 p. **10 euros**

Olivier Vial, Inès Charles-Lavauzelle [2009], *Les étudiants des classes moyennes sont-ils condamnés au système D pour étudier ?,* Centre d'études et de recherches universitaires (CERU), collection notes et études, 28 p. **5 euros**

Olivier Vial, [2011], *La jeunesse n'est plus ce qu'elle était ...tant mieux!,* Centre d'études et de recherches universitaires (CERU), collection notes et études, 54 p. **5 euros**

Table des matières

Edition : BoD - Books on Demand, 12/14 rond-point des Champs Elysées, 75008 Paris
Imprimé par Books on Demand GmbH, Norderstedt, Allemagne

Dépôt légal : décembre 2012

ISBN : 978-2-8106-2588-8

Les hommes politiques sont souvent critiqués pour leur manque de conviction et de vision à long terme. Il faut reconnaître à Vincent Peillon une conviction aussi forte que singulière : celle d'une foi nouvelle, parallèle, sinon opposée à la foi religieuse classique. Cette foi nouvelle, c'est la croyance en une laïcité de combat, qu'il érige finalement en véritable religion, dont l'église serait l'école et les apôtres les professeurs. La vision de l'école comme d'une « nouvelle église », la « transformation progressiste » de la société : voilà les grands points dogmatiques du catéchisme de Vincent Peillon.

Véritable travail d'exégèse, notre étude tend à analyser et à décrypter la « doctrine » qui inspire le nouveau ministre de l'Éducation nationale, en se référant aux derniers ouvrages théoriques[1] qu'il a publiés. Toutes les citations retenues dans cette note sont, sauf mention contraire, de Vincent Peillon.

Membre du bureau national du parti socialiste dès 1994, élu député de la Somme en 1997, député européen depuis 2004, porte-parole national du PS, puis de Ségolène Royal en 2007, il est aujourd'hui ministre de l'Éducation nationale et applique les *leitmotivs* socialistes : renforcement du secteur de l'enseignement public au détriment de l'enseignement privé, injection massive d'argent public dans le « mammouth » et enrégimentement de l'enseignement au service d'un but plus grand : « éduquer pour changer les mentalités et transformer la société »[2] grâce notamment à la promotion de la théorie du *genre, à la* lutte intensive contre les « discriminations » et les « stéréotypes », à la

---

[1] *Une religion pour la République : la foi laïque de Ferdinand Buisson*, Le Seuil, Paris, 2010 et *La révolution française n'est pas terminée*, Paris, Seuil, 2008.
[2] C'est l'objectif assigné à l'école dans le texte adopté par le conseil national du PS en décembre 2011 et intitulé Convention égalité réelle.

promotion de la « diversité »... Il s'illustre de surcroit par ses propositions pour mettre en place une « morale laïque » à l'école ou pour s'être prononcé en faveur d'un débat sur la légalisation du cannabis.

Vincent Peillon est d'abord un penseur de gauche, un conteur de l'histoire des idées socialistes, et un faiseur d'idées – un idéologue au sens propre - qui tente de restituer à son parti la logique des idées. Après une thèse de philosophie sur le phénoménologue Merleau-Ponty[3], un philosophe adepte de la déconstruction des catégories stables du réel, il développe en effet de nombreuses études sur l'histoire des idées socialistes et des figures de cette histoire tels que Jean Jaurès[4], Pierre Leroux[5] ou encore Ferdinand Buisson[6]. Véritable tête pensante du parti socialiste, il rédige et dépose avec Arnaud Montebourg une motion pour combattre le tournant

---

[3] Vincent Peillon, *La Tradition de l'esprit : itinéraire de Maurice Merleau-Ponty*, Grasset, Paris, 1994.
[4] *Jean Jaurès et la religion du socialisme*, Grasset, Paris, 2000
[5] *Pierre Leroux et le socialisme républicain*, Le Bord de l'eau, 2003
[6] *Une religion pour la République : la foi laïque de Ferdinand Buisson*, Le Seuil, Paris, 2010

social-libéral du parti socialiste en 2003[7]. Celle-ci termine en deuxième position derrière celle présentée par François Hollande[8].

Au plan strictement *philosophique*, la théorie politique de Vincent Peillon implique une vision très spécifique de l'Homme, de la société, de la morale, de la spiritualité ; tout cela constituant une nouvelle religion qu'il dit « progressiste », « républicaine » et « laïque ».

Analyser les grands axes de sa pensée revient à faire le tour des interprétations qu'ont les socialistes de leur propre histoire, permettant d'en révéler les axes invariants et d'en dégager leur vision programmatique pour l'avenir. Comme le précise d'ailleurs la quatrième de couverture d'*Une religion pour la République* : « en

---

[7] *Pour un nouveau Parti socialiste : motion portée au vote des militants du PS au congrès de Dijon, 16-17-18 mai 2003* (avec Arnaud Montebourg), Denoël, Paris, 2003. Une motion qui fait notamment « le constat quotidien des ravages du libéralisme », « l'éligibilité et la participation aux élections locales des étrangers non communautaires » ou encore la « mise en place progressive d'un SMIC européen », à travers l'idée d'une 6ème République.
[8] Avec 16,88% des voix.

revisitant le passé, il dégage les fondements philosophiques, historiques et politiques de ce que pourrait être le socialisme du XXIème siècle ».

Vincent Peillon développe ainsi une dialectique qui revisite l'histoire sous l'angle du progressisme (I), basée sur une révolution française sacralisée (II) qui ne s'accomplira messianiquement que par l'éducation, destinée à former des « hommes nouveaux » (III).

1. Une conception dialectique de la République

Une « Révolution perpétuelle »

La Révolution est une « *rupture religieuse* » et une « *continuité historique* », une auto-institution politique « pacifique, mais permanente »[9], une « Incarnation théologico-politique »[10]. Lorsque Vincent Peillon affirme que la République est une idée « qui doit prendre conscience d'elle-même »[11], il s'inscrit dans le mouvement hégélien de la pensée marxiste, à savoir l'idéalisation du réel dans le mouvement historique de l'idée. « On peut même considérer, ajoute Vincent Peillon, que la République s'engendre et se définit comme

---

[9] Vincent Peillon, *La révolution française n'est pas terminée*, op. cit., p. 18

[10] « L'absolu Républicain est descendu dans le temps », *La révolution française n'est pas terminée,* op. cit., p. 30

[11] Il rapporte ces propos d'Henry Michel dans la préface de *La révolution française n'est pas terminée,* Seuil, Paris, 2008, p. 11

un travail rétrospectif sur la Révolution elle-même »[12]. Faisant donc table rase de tout ce qui s'est passé avant la Révolution française (donc également la *respublica* romaine ou athénienne...), la République ne peut se comprendre que comme une réinterprétation historique d'elle-même tendant vers son modèle : « une idée, nécessaire, pure, absolue »[13]. Une interprétation de l'histoire (à la fois comme *historia* et comme *res gestae*, précise-t-il[14]), qui revisite l'histoire de la République à partir du point de vue socialiste, pour l'amener dans cette logique à affirmer que : « République et socialisme sont inséparables »[15].

Pour Vincent Peillon, cette Révolution est « inachevée », elle demeure en mouvement. Pour rendre compte de cela, il forge son propre concept, sa propre vision du « progressisme ». Pour lui, l'histoire débute avec la Révolution française et converge, selon le fameux sens de

---

[12] *La révolution française n'est pas terminée*, op. cit., p. 20
[13] *La révolution française n'est pas terminée*, op. cit., p. 27
[14] *La révolution française n'est pas terminée*, op. cit., p. 12
[15] *La révolution française n'est pas terminée*, op. cit., p. 89

l'Histoire, vers *sa* propre construction idéologique de la réalité, tant que celle-ci résiste à l'idée *socialiste,* la Révolution reste « inachevée ». « L'unité républicaine est toujours le fruit d'une *unification* »[16] vers cette idée, c'est-à-dire d'une volonté de création strictement culturelle, une « *production de l'esprit[17]* ». Il s'agit d'une volonté de *transformer* en profondeur la société civile, à partir des seules forces humaines, et, pour ainsi dire, de la transformer *ad infinitum,* parce que cette transformation est déliée de toute tradition.

Le « nouveau temps » dans lequel nous introduit la Révolution est un temps « défini à partir de l'avenir et non pas du passé »[18]. Or, puisque dans les affaires humaines l'avenir est par définition indéfini, la production politique républicaine n'a ni limite, ni fin, « elle n'est pas bordée, surplombée (...) elle déploie une histoire qui ne commence ni ne finit, qui est sans envers ni doublure

---

[16] *La révolution française n'est pas terminée*, op. cit., p. 28
[17] *La révolution française n'est pas terminée*, op. cit., p. 29
[18] *La révolution française n'est pas terminée*, op. cit., p. 20

d'éternité »[19] : elle n'est qu'historicité, dialectique des forces humaines et matérielles, immanence pure.

Un sens de l'histoire « progressiste »

Dans cette histoire sacrée toute-puissante, l'idée Républicaine « descendue sur Terre » n'admet pas d'impureté ou d'obstacle qui pourraient enrayer son auto-développement. Les mots de Vincent Peillon envers les personnes qui pourraient s'opposer à ce progrès « inéluctable » sont forts. « Les forces contre-révolutionnaires, réactionnaires et rétrogrades sont toujours vivaces »[20]. Celui qui n'accepte pas cette « révolution permanente » est qualifié d' « archéophile »[21], c'est-à-dire relevant de cette catégorie de personnes « qui passent leur existence à

---

[19] *La révolution française n'est pas terminée*, op. cit., p. 31
[20] *La révolution française n'est pas terminée*, op. cit., p. 18
[21] Une expression que Vincent Peillon reprend de l'ultraroyaliste Pierre-Simon Ballanche ; *La révolution française n'est pas terminée*, op. cit., p. 18

cultiver des souvenirs, des regrets et des nostalgies »[22]. Bref, des personnes qui n'ont pas leur place dans l'inexorable mouvement historique de l'idée républicaine.

Pour Vincent Peillon, puisqu'« on ne peut pas sortir » de cette temporalité républicaine, la République n'a d'autre issue que de « lutter contre ces forces rétrogrades » en « s'inventant une histoire »[23].

La « foi laïque », bras droit du progrès socialiste, ne saurait souffrir d'être remise en cause. En tant que nouvelle religion, elle ne procède que d'elle-même et de ses propres principes. Toute contradiction serait *impure* et *rétrograde,* puisqu'elle n'irait pas dans le sens de l'*histoire* du progrès socialiste et républicain. Avec une telle vision, Vincent Peillon développe une doctrine théologico-politique.

---

[22] *La révolution française n'est pas terminée,* op. cit., p. 18-19
[23] *La révolution française n'est pas terminée,* op. cit., p. 19

2. Une « religion laïque » de substitution

Le premier chapitre de *La révolution française n'est pas terminée* s'intitule sobrement la « *Critique de la raison républicaine* », en référence à Kant et à sa « Révolution épistémologique ». Le récit historique de la révolution française constitue la nouvelle Genèse républicaine, un événement « métahistorique, métapolitique ; c'est-à-dire un événement religieux »[24], voir même un « avènement », et une « incarnation »[25]. Cet événement religieux vient se substituer à la religion chrétienne ; Vincent Peillon remarque justement que « le temps de l'*avènement* ou de l'*établissement* de la République s'inscrit dans une époque où la *divinité* même de Jésus a été contestée »[26] (par Renan et Pécaut

---

[24] *La révolution française n'est pas terminée*, Seuil, Paris, 2008, p. 16
[25] *La révolution française n'est pas terminée*, op. cit., p. 30
[26] *La révolution française n'est pas terminée*, op. cit., p. 32

notamment). Si la Révolution et la République ne s'accomplissent et ne se développent que « dans la mort de Dieu»[27], tout doit être fait pour annihiler le rôle de la religion comme présence institutionnelle d'un Dieu confessionnel sur terre.

De cette tentative explicite de substitution républicaine de la religion chrétienne découle naturellement une interprétation *dure* de la laïcité : « l'événement de la mort de Dieu ne *doit* pas passer », il doit perdurer « comme mort continuée, comme deuil sans terme »[28].

Voilà pourquoi la « religion socialiste » ou « religion républicaine » est qualifiée, avec Ferdinand Buisson, d'« irreligion »[29], et qu'elle doit se mettre au service du social. Elle n'est, selon ses mots, ni areligieuse ni anti-religieuse (alors même que la dialectique

---

[27] *La révolution française n'est pas terminée,* op. cit., p. 32
[28] *La révolution française n'est pas terminée,* op. cit., p. 32
[29] *La révolution française n'est pas terminée,* op. cit., p. 191

révolutionnaire et républicaine doit annihiler le « vieil homme » et la religion traditionnelle pour exister), mais toute entière mise au service de la fraternité et de la solidarité républicaine. C'est l'avènement d'une religion strictement indexée au monde social et à ses maîtres terrestres, à savoir les politiques qui mettent en œuvre et orientent cette politique républicaine.

La « ligne Buisson » de la laïcité

C'est avec l'un des principaux artisans de la « laïcité dure » à la française, Ferdinand Buisson, que Vincent Peillon relit l'histoire et le projet *spirituel* du socialisme.

Dans son ouvrage de 2010, « *Une religion pour la République : la foi laïque de Ferdinand Buisson* », il étudie pas à pas la « ligne Buisson » de la laïcité – notion fondatrice de la République pour Vincent Peillon - qui est le « projet du christianisme libéral, de la religion laïque et de l'Eglise »[30].

---

[30] *Une religion pour la République : la foi laïque de Ferdinand*

Ferdinand Buisson (1841-1932), homme politique et « libre-penseur » proche de Jules Ferry, est le cofondateur et président de la Ligue des droits de l'homme et président de la Ligue de l'enseignement. Il est reconnu comme étant l'inventeur du terme de « laïcité ». Auteur de nombreux livres, notamment du *Dictionnaire de pédagogie et d'instruction primaire,* considéré comme la « bible » de l'école laïque et républicaine. En 1905, il est le président de la commission parlementaire qui rédige le texte de la loi de séparation des Églises et de l'État, et acteur de premier plan de l'expropriation des églises et de l'expulsion des congrégations religieuses.

Dans l'esprit de Vincent Peillon, « République » ne désigne plus que cette « religion nouvelle »[31], et même le concept de religion est transformé : « elle [la démocratie républicaine] change la nature même de la religion, et son concept »[32]. Finalement, « la religion, ici, c'est la République, comme la foi, ici, porte sur la laïcité »[33].

La laïcité « est un principe de tolérance certes,

Buisson, Le Seuil, Paris, 2010, p. 171
[31] *La révolution française n'est pas terminée,* op. cit., p. 195
[32] *La révolution française n'est pas terminée,* op. cit., p. 183
[33] *La révolution française n'est pas terminée,* op. cit., p. 188

mais plus encore de philosophie positive, [c'] est aussi une *religion*. »[34] La laïcité devient même « la religion de toutes les religions, de toutes les confessions, la religion universelle »[35]. À ce stade, rien n'empêche Ferdinand Buisson – et Vincent Peillon – de penser que « le projet consiste alors à « forger une religion qui soit non seulement *plus religieuse que le catholicisme dominant*, mais qui ait davantage de force et de séduction, de persuasion et d'adhésion que lui. »[36] Il faut pour cela tenir fermement en main l'éducation de la Nation (nous le verrons ci-après), et poser des thèses d'envergure aptes à remplacer toute la cosmologie judéo-chrétienne profondément ancrée dans la population française. Voilà pourquoi un penseur comme Ferdinand Buisson « pose une thèse anthropologique sur la nature de l'homme et une thèse historique sur la République et la

---

[34] *Une religion pour la République : la foi laïque de Ferdinand Buisson*, Le Seuil, Paris, 2010, p. 274
[35] *Une religion pour la République : la foi laïque de Ferdinand Buisson*, Le Seuil, Paris, 2010, p. 274
[36] *Une religion pour la République : la foi laïque de Ferdinand Buisson*, Le Seuil, Paris, 2010, p. 274 (nous soulignons)

Révolution »[37]. La République doit substituer ses dogmes sur la nature de l'homme, sur l'histoire, à ceux du christianisme. Des dogmes qui sont compris, eux aussi, dans le cours de l'histoire républicaine, socialiste et progressiste. En absolutisant l'idée de République, Vincent Peillon se fait prophète de la nouvelle religion républicaine qui obstrue le retour de Dieu dans la société et qui se construit sur les cendres du christianisme, religion définitivement vaincue par le mouvement de l'histoire.

Reste que, l'affirmation univoque d'une laïcité conçue comme « la religion républicaine » pose la question de savoir comment statuer sur la place des « autres religions » dans la République (selon la catégorie de « laïcité d'opposition » ou « de complémentarité »[38]). On ne peut promouvoir une religion, si républicaine soit-elle, sans un certain prosélytisme et, *in fine*, sans une

---

[37] *Une religion pour la République : la foi laïque de Ferdinand Buisson*, Le Seuil, Paris, 2010, p. 275
[38] Olivier Bobineau, « La spécificité du régime français de laïcité, Grilles de lecture à partir des sciences humaines », dans *Revue d'éthique et de théologie morale*, Cerf, Paris, Juin 2012, p. 68-69

tentation d'imposer à tous sa vision du monde. Il y a dans cette vision du monde un danger totalitaire, intrinsèque à toutes les religions monothéistes fondée sur un prosélytisme, une vision théologico-politique du monde et une conviction absolue – messianique – en ses propres révélations.

3. L'éducation « formera un homme nouveau »

L'école républicaine, une « nouvelle naissance »

Puisque la Révolution, nouvelle *Genèse* du monde, doit s'*auto-instituer*[39] et prendre la place dogmatique et idéologique de la religion chrétienne, elle doit le faire avec autant de latitude. Le problème de l'auto-institution républicaine, dit Vincent Peillon, c'est qu'elle n'a aucun modèle puisqu'elle est en rupture avec la tradition. Elle doit donc « se fabriquer en quelque sorte une légitimité historique »[40], d'où « l'importance *stratégique* de l'école au cœur du régime républicain.»[41] L'école constitue en effet une « république préservée » (des conservatismes), une « République pure », une « République hors du temps au sein de la République réelle ». L'école a en

---

[39] *La révolution française n'est pas terminée,* op. cit., p. 17

[40] *La révolution française n'est pas terminée,* op. cit., p. 19 (V. Peillon cite C. Nicolet).

[41] *La révolution française n'est pas terminée,* op. cit., p. 17 (nous soulignons)

charge d'opérer « ce miracle de l'engendrement par lequel l'enfant, *dépouillé de toutes ses attaches pré-républicaines*, va s'élever jusqu'à devenir le citoyen, sujet autonome »[42]. L'enfant, en rentrant à l'école de la République, doit être « *dépouillé de toutes ses attaches pré-républicaines* », cela s'entend : en excluant toute tradition, qu'elle soit familiale, communautaire, religieuse ou sociologique dans laquelle l'enfant est élevée *avant* son entrée dans l'école républicaine. On comprend pourquoi la présence de l'enfant à l'école doit toujours être plus précoce.

De fait, après être né, l'enfant doit recevoir son Baptême républicain, seul à même de trancher avec tout ce qui peut s'opposer à l'esprit républicain. L'école républicaine doit alors se constituer comme une nouvelle église : « c'est bien une nouvelle naissance, une transsusbtantiation qui opère dans l'école et par l'école, cette nouvelle Église, avec son nouveau clergé, sa

---

[42] *La révolution française n'est pas terminée*, op. cit., p. 17-18 (nous soulignons)

nouvelle liturgie, ses nouvelles tables de la Loi »[43].

Une « morale laïque », instrument de l'action politique socialiste

Dans la continuité de Jean Jaurès, Vincent Peillon considère que le problème moral et religieux est inhérent à chaque société humaine et que « c'est au socialisme qu'il va revenir d'incarner la révolution religieuse dont l'humanité a besoin »[44]. « Cette idée de la République se refuse à séparer la morale de la politique »[45]. Voilà pourquoi Vincent Peillon tente de récupérer l'idée de « morale laïque », qui permet une éducation « spiritualiste, libérale et religieuse »[46]. Sur ce point, il ne peut être plus clair : la « morale laïque » enseignée à l'école républicaine « est aussi un instrument de l'action politique, républicaine et socialiste »[47].

---

[43] *La révolution française n'est pas terminée*, op. cit., p. 18
[44] *La révolution française n'est pas terminée*, op. cit., p. 195
[45] *La révolution française n'est pas terminée*, op. cit., p. 201
[46] *La révolution française n'est pas terminée*, op. cit., p. 193
[47] *La révolution française n'est pas terminée*, op. cit., p. 193

Quelle pédagogie est mise en œuvre pour satisfaire cette instrumentalisation ? Il y a un « "infini flottant" dans l'âme de l'enfant », et l'éducation « se fixe pour tâche de lui donner une forme »[48]. Donner une forme à une matière, selon la pédagogie aristotélicienne, suppose que la matière préalable – « l'âme de l'enfant » - soit informe, c'est-à-dire sans ancrages familiaux, traditionnels, religieux[49].

La famille qui confie son enfant à l'école de la République doit tout attendre de cette dernière. L'école républicaine et laïque ne doit certes pas « comprimer les aspirations religieuses de l'âme humaine »[50], mais bien les orienter vers une révolution morale ainsi qu'une révolution matérielle, tout « en mettant la seconde au

---

[48] *La révolution française n'est pas terminée*, op. cit., p. 194
[49] « Il faut être capable d'arracher l'élève à tous les déterminismes, familial, ethnique, social, intellectuel... » *Entretien au JDD*, 2 septembre 2012
[50] Jean Jaurès, article du 4 Juillet 1892 de *La Dépêche*, repris dans l'*Action socialiste*, p. 160. Cité dans *La révolution française n'est pas terminée*, op. cit., p. 194

service de la première »[51], pour correspondre au matérialisme immanent de ce « nouveau monde ».

« Soit on abandonne les choses de l'âme, le spirituel, à l'Eglise et au prêtre, et alors la République démocratique et sociale est vaincue »[52]. C'est pourquoi, la République doit prendre en charge la spiritualité des enfants afin de ne pas laisser à l'Eglise catholique le monopole de la spiritualité et de la formation des âmes (c'est-à-dire de l'éducation, dans le vocabulaire de Peillon).

---

[51] *La révolution française n'est pas terminée,* op. cit., p. 195
[52] *La révolution française n'est pas terminée,* op. cit., p. 192

Conclusion

Vincent Peillon, le prophète socialiste du XXIème siècle

Vincent Peillon remet à l'honneur les socialistes que Marx qualifiait d'utopistes, longtemps abandonnés dans les décombres de l'histoire. Il fait référence à Saint-Simon, à Pierre Leroux, à Buchez et à Louis Blanc. *Exit,* par contre, Fourier, Proudhon, Blanqui, puis plus tard Paul Lafargue, Jules Guesde ou Allemane, que Vincent Peillon a du mal à définir comme socialistes français à part entière.

Pour l'actuel ministre de l'Education nationale, la rupture stricte qu'il trace entre le « nouveau monde » de la Révolution et l'ancien monde nécessite de créer un nouvel ordre, une nouvelle spiritualité, une nouvelle religion. Cela passe par une relecture de l'histoire comme un champ de forces en progrès continu, une formation de nouveaux dogmes anthropologiques et sociaux, *in fine théologico-politiques,* et ce grâce à une école capable de concurrencer les religions et les traditions ; en bref, par une instrumentalisation unilatérale (« républicaine », telle que comprise par Vincent Peillon) de tout ce qui fait le politique, le social et le religieux vers un progrès indéfini.

Mais à vrai dire entre socialisme scientifique et utopique, les frontières sont minces. « *L'eschatologie marxiste [...] n'est pas moins utopique que l'univers fabuleux de Charles Fourier* »[53] a précisé Jean-Christian Petitfils. Philippe Muray évoque lui « *ce rêve qu'on appelle curieusement le proto-socialisme. Cabet, Fourier ou Saint-Simon. Socialisme mystique, disent les historiens gênés du socialisme. Ou chrétien, post-chrétien, spiritualiste... [...] Il n'y a pas eu davantage de proto-socialisme qu'il n'y aura plus tard de socialisme réel, de socialisme utopique, de socialisme du troisième type ou de socialisme à la française, à la hongroise, à l'autrichienne, etc. Il n'y a qu'un seul idéal de pensée progressiste.* »[54].

____

[53] Jean-Christian Petitfils, *Les socialismes utopiques*, éd. P.U.F, 1977, p.9.
[54] Philippe Muray, *Le XIXe siècle à travers les âges*, éd. Denoël, 1999, p. 61 (nous soulignons)

Dans les quelques livres qu'il a écrit avant d'être nommé ministre de l'Education nationale, Vincent Peillon forge son propre concept de « progrès » : celui d'une « République socialiste », qui tente de s'ingérer – au moyen de l'éducation - au plus profond de chaque être humain afin de l'amener à participer activement à l'avènement de cette nouvelle « République socialiste ».

Présentation de l'auteur

Vivien Hoch est chercheur en philosophie et rédacteur en chef du site Itinarium.fr

Présentation du CERU

Fondé en 2008, le centre d'Etudes et de Recherches Universitaires –CERU- s'est imposé comme le laboratoire d'idées sur l'éducation et la jeunesse.

La diversité des profils et des expériences de nos chercheurs associés (universitaires, élus locaux, parlementaires, élus étudiants et lycéens, responsables associatifs, spécialistes de la formation professionnelle, parents d'élèves, entrepreneurs, avocats spécialisés, médecins, hauts-fonctionnaires, collaborateurs d'élus ...) permettent d'éclairer l'actualité, d'analyser et de décrypter les projets gouvernementaux et de mieux comprendre les problématiques de l'éducation, de l'enseignement supérieur, de la jeunesse et de l'emploi.